_____

Schreibe hier deinen Namen hin
und klebe ein Foto von dir ein,
denn du bist ebenfalls ein Teil
dieser Geschichte. Wenn du Rätsel,
Abenteuer und brenzlige Situationen
magst, wirst du mit Anni und Tom so
einiges erleben!
Lieblingsfarbe: _____
Lieblingsessen: _____
Lieblingsbuch: _____

_____

© Julia Pommerenke

**Jule Ambach,** 1987 geboren, war zunächst Kinderbuch-Lektorin, bevor sie begann, sich selbst Geschichten auszudenken. Sie liebt Kaffee mit Zimt, laute Musik beim Schreiben und Reisen nach Schweden.

© privat

**Stew (Stefanie) Wegner & Timo Müller-Wegner** sind ein Illustratorenteam aus Hamburg. Sie zeichnen seit 20 Jahren alle ihre Illustrationen „vierhändig" zusammen. Sie haben beide Kommunikationsdesign studiert, Timo hat außerdem eine Ausbildung als Trickfilmzeichner abgeschlossen.

LOS GEHT'S!
LEGE DIR STIFT UND SCHERE BEREIT.
FALLS DU AN MANCHEN STELLEN EINEN
KLEINEN TIPP BRAUCHST, FINDEST DU
DIE LÖSUNGEN AUF SEITE 62.

Jule Ambach

# ESCAPE SCHOOL

## DER UNHEIMLICHE NEBEL

Bilder von Stew Wegner und
Timo Müller-Wegner

Verlag Friedrich Oetinger · Hamburg

# 1.

„Kommt, wir müssen los", flüstert Tom. Katta, ein Lemuren-Weibchen mit grauem Fell und geringeltem, langem Schwanz, springt auf seine Schulter. Anni beugt sich über einen der Kobolde im Schulgarten und krault ihn. Dann seufzt sie. „Ja, wirklich! Wenn wir noch etwas vom Frühstück abbekommen wollen, sollten wir jetzt gehen."
Du schaust auf die Uhr – die beiden haben recht: In 15 Minuten wird die Turmuhr des Internats läuten, und das Schulfrühstück ist vorbei. Dann hättet ihr nicht nur das Frühstück verpasst: Es würde auffallen, dass ihr euch vor dem Frühstück schon aus dem Schulgebäude geschlichen habt! Das ist strengstens untersagt und bedeutet, mindestens einmal die Schulordnung abschreiben zu müssen. Und zwar rückwärts. Der Kobold schmiegt sich noch immer gegen Annis Hand. Dann steht sie auf und sagt: „Tschüss, ihr." Der Kobold quietscht enttäuscht. Du nimmst deinen Rucksack und folgst Anni, Tom und Katta in Richtung Schule.

Ihr stapft durch das hohe Gras, vorbei am Gewächshaus, den Gemüsebeeten und dem Hühnerstall. Die ersten warmen Sonnenstrahlen scheinen auf das Steingemäuer des Internats. „Wann hätten wir uns sonst rausschleichen sollen, um die Kobolde zu besuchen?", meint Anni vergnügt. Das stimmt, vorm Frühstück ist die beste Zeit für geheime und nicht so ganz erlaubte Ausflüge. Tom nickt zustimmend, und dann stockt er. „Mist, hoffentlich fällt das niemandem auf!" Eine von Toms größten Sorgen ist, bei etwas Verbotenem ertappt zu werden. Anni hingegen sieht das nicht so eng. Man darf sich nur nicht erwischen lassen, erklärt sie Tom immer wieder. Dann sind zum Beispiel kleine morgendliche Ausflüge gar kein Problem. Auch jetzt ist die Zeit wirklich knapp, aber Anni ist sich ganz sicher, dass ihr es schaffen werdet.

Betrachte das Bild genau, und zähle die Kobolde im Garten. So viele Minuten werdet ihr noch zur Schule brauchen: _____ Minuten.

Was ist eure erste Schulstunde am heutigen Tag?

_____

Kannst du auf dem Bild erkennen, was den Lehrern verraten könnte, dass ihr vor dem Frühstück draußen unterwegs wart? _____

„Wir huschen einfach ganz schnell rein, dann sieht niemand unsere nassen Hosenbeine", sagst du, während du die schwere Eingangstür aufdrückst. Anni quetscht sich durch den Türspalt in den Schulflur. „Hört ihr das?", wispert sie. Ihr lauscht. „Nee, nichts", flüstert Tom zurück. Anni nickt ernst. „Genau, nichts. Hat der Unterricht etwa schon begonnen?" Du wirfst erneut einen Blick auf deine Armbanduhr und schüttelst entschieden den Kopf. Vorsichtig öffnet Anni die Tür zum Speisesaal und lugt hinein. „Das glaubt ihr nicht!" Anni klingt erschüttert. Sie stößt die Tür ganz auf. Manche Schüler haben ihren Kopf auf dem Tisch neben ihrer Müslischale abgelegt. Andere sind in ihrem Stuhl zusammengesunken oder liegen wie Katzen auf dem Boden zusammengerollt. Am Tisch direkt vor euch entdeckst du euren Mitschüler Gustav. An seinem grün-schwarz geringelten Pullover hast du ihn sofort erkannt. Vorsichtig berührt Tom ihn an der Schulter und schüttelt ihn sanft. „Hey, Gustav?" Gustav beginnt, leise zu schnarchen. Seine Brille rutscht ihm von der Nase. „Ähm …", macht Tom. „Schlafen die alle?"

**2.**

„Meint ihr, es hat etwas mit dem Frühstück zu tun?",
fragt Tom.

„Also, die meisten haben Haferbrei oder Brot
gegessen und Saft getrunken", stellt Anni fest.

Tom schnüffelt an einer Schale Haferbrei. „Riecht
normal", sagt er. „Normal eklig."

„Ach, du hast doch keine Ahnung!", findet Anni und
schubst Tom ein bisschen zur Seite. „Dann muss
wohl einer von uns probieren."

„Mach du doch", sagt Tom.

„Warum nicht du, Schlauberger?", fragt Anni zurück.

„He Leute, Schluss damit. Ich hab eine Idee. Ich
stelle euch eine Frage, und wer falsch antwortet,
muss etwas vom Frühstück probieren", schlägst du
vor.

Du deutest auf ein Mosaik auf dem Boden. „Wer
von euch beiden kann mir sagen, wie viele Dreiecke
dieses Muster hat?"

**HILF ANNI UND TOM.**

Zähle die Dreiecke des Musters. Schau genau hin.
Es sind mehr, als auf den ersten Blick zu sehen sind.
Wer hat richtig gezählt, Anni oder Tom?

TOM ZÄHLT 34 DREIECKE, FOLGE IHM
AUF SEITE 21.
ANNI ZÄHLT 44 DREIECKE, GEHE MIT
IHR AUF SEITE 26.

IHR KOMMT VON SEITE 26.

„Oah, Tom!" Anni steht auf und reicht Tom die Hand, um ihm aufzuhelfen. „Nicht witzig!" Du kicherst und klatschst dich mit Tom ab. Nacheinander probiert ihr den Tee, den Toast, die Erdbeermarmelade und den Saft. Das Frühstück scheint nichts mit dem rätselhaften Schlaf zu tun zu haben. „Was jetzt?", fragst du deine beiden Freunde.

**3.**

Anni schlägt vor, im Speisesaal nach Hinweisen zu
suchen.  Aber ihr findet: „Nichts", stöhnt Tom und
kommt unter dem Lehrertisch hervorgekrochen.
„Und bei euch?" „Auch nichts." Anni schüttelt
missmutig den Kopf. Tom steht auf und klopft sich
die Hosenbeine ab. „He, was ist das denn?", rufst
du. Feiner Glitzerstaub wirbelt durch die Luft.
„Ist das Feenstaub?", fragt Anni.
„Das Zeug ist auf jeden Fall überall", stellst du fest.
Du wischst mit den Fingern über den Boden. Auch
eure Schuhsohlen sind voller Glitzer. „Ob deswegen
alle schlafen?"
„Dann wären wir schon längst eingepennt, wir haben
das doch jetzt auch eingeatmet", erwidert Anni.
„Kann sein, muss aber nicht", sagt Tom.

Katta fiept aufgeregt. Mit ihrem Schwanz hat sie
noch mehr Staub aufgewirbelt. Sie läuft auf den Flur,
und auch dort wirbelt sie den goldenen Glitzer auf.
Ihr folgt Katta hinaus auf den Schulflur. „Wohin führt
die Glitzerspur wohl?", wunderst du dich.

„Das Lehrerzimmer? Bist du dir sicher?" Tom runzelt die Stirn. Vorsichtig drückst du die geschwungene Klinke an der schweren Eichentür herunter. Aber nichts passiert. „Abgeschlossen, natürlich", seufzt du.

„Kein Problem!", ruft Anni und zieht ihr Multi-Tool aus der Hosentasche. „Wie willst du denn damit das Schloss öffnen?", fragt Tom erstaunt.

Anni klappt einen Dietrich aus. „Na hiermit!" Sie schiebt das Metallstück in das Schlüsselloch, aber in welche Richtung muss sie drehen?

## KANNST DU IHR HELFEN?

Du musst von hinten beginnen. Stell dir vor, dass der gelbe Riegel sich öffnet. Die Zahnräder werden nun angetrieben und drehen sich in unterschiedliche Richtungen.

Zeichne an jedes Zahnrad einen kleinen Pfeil, der anzeigt, in welche Richtung es sich dreht. So kannst du herausfinden, ob sich das grüne Zahnrad oben nach links oder rechts dreht.

In die gleiche Richtung muss Anni den Dietrich im Türschloss drehen, um die Tür zu öffnen: _____

AuF ←

Es macht leise „Klack", als Anni das Türschloss endlich öffnen kann. Die Klinke lässt sich nun herunterdrücken. Langsam öffnet Anni die Tür zum Lehrerzimmer. „Was ist denn hier passiert?", entfährt es Tom. Der große Tisch, der sonst umringt von gemütlichen Stühlen in der Mitte des Raumes steht, ist beiseitegeschoben und die Stühle sind weggeräumt. Sogar der Sessel von Mr Higgins wurde ans Fenster gerückt. Die samtenen Vorhänge

vor den hohen Fenstern sind zugezogen. „Glaubt ihr, jemand hat allen Schlafmittel gegeben, um hier einzubrechen?", fragt Tom, während er vorsichtig durch den Raum geht, um die Vorhänge aufzuziehen. Sonnenschein fällt in das seltsam leere Lehrerzimmer. „Hey, guckt mal!" Anni deutet an die Wand. An den Lampen baumeln jede Menge Luftschlangen. Auch du schaust dich jetzt genauer im Lehrerzimmer um.

BLÄTTERE SCHNELL AUF SEITE 20.

Die geben dir einen Hinweis darauf, was ihr im
Lehrerzimmer entdeckt. Suche alle Buchstaben einer
Farbe, bringe sie in die richtige Reihenfolge und
trage sie dann auf der farblich passenden Linie unten
ein. Die Wörter entsprechen den Gegenständen, die
im Lehrerzimmer zu finden sind. Nun musst du nur
noch die Buchstaben in den Kästen in die richtige
Reihenfolge bringen. Das Lösungswort verrät dir, was im
Lehrerzimmer los war.

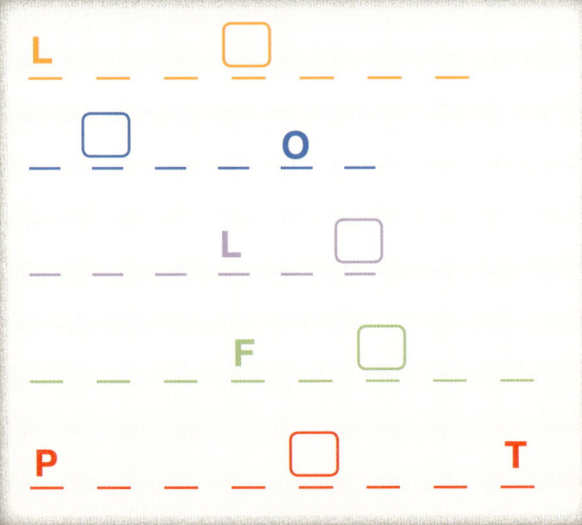

**LIES WEITER AUF SEITE 22.**

20

IHR KOMMT VON SEITE 11.

Angeekelt nimmt Tom einen Löffel und angelt eine Miniportion Haferbrei aus dem Topf. Anni verdreht die Augen. „Tom, so geht das nicht." Sie nimmt ihm den Löffel aus der Hand und steckt sich den Löffel in den Mund. „Siehst du, Tom. Gar nicht so, so …" Annie gähnt herzhaft. Dann sinkt sie wohlig lächelnd zu Boden und schlummert ein. „Ich sag es doch: Haferbrei sollte man echt nicht essen", erklärt Tom.

GEH NOCH MAL ZURÜCK AUF SEITE 11, WENN DU DENKST, DASS DIE GESCHICHTE SO NICHT ZU ENDE GEHEN SOLL.

**4.**

„Das sieht gewaltig nach einer _ _ _ _ _ aus", stellst du fest. „Aber deshalb schläft doch nicht die ganze Schule", wundert sich Tom. „Kommt, wir schauen noch mal im Speisesaal nach", sagt Anni. Sie öffnet die Tür und weicht erschrocken zurück. Auf dem Schulflur schwebt eine dunkle Wolke. „Was ist das denn?", ruft Tom und will die Tür wieder schließen. Doch Anni hält ihren Freund am Ärmel fest und sagt: „Warte mal. Wir müssen herausfinden, was es damit auf sich hat." Tom nickt matt und wendet seinen Blick dem düsteren Nebel zu. Dessen Farbe wechselt zwischen Schwarz, Nachtblau und Violett. Er glitzert und blitzt und knistert und schwebt ein paar Zentimeter über dem Boden. Die merkwürdige Wolke füllt den gesamten Flur aus. Katta nähert sich schnüffelnd dem Nebel. Sie schüttelt sich. Dann muss sie gähnen. Auch du spürst Müdigkeit in dir aufsteigen. Anni gähnt. „Katta, komm sofort zurück!" Toms Stimme überschlägt sich. Katta schüttelt sich und läuft schnell zurück. „Der Nebel lässt alle einschlafen", stößt du hervor.

„Aber wir kommen nicht vorbei", gähnt Tom. „Wir sitzen fest."

„Ich hab's!", ruft Anni so plötzlich, dass Tom zusammenzuckt. „Katta, du musst ganz schnell unter dem Nebel durchlaufen. So schnell du kannst, mit angehaltener Luft. Und dann das Fenster hinter diesem Ding öffnen." Katta stößt einen leisen Pfiff aus. Tom weiß genau, was Kattas unterschiedliche Laute bedeuten. Kattas geben eine Reihe unterschiedlicher Töne von sich: Fiepen, Bellen, Miauen, Jaulen, Quietschen, Fauchen oder Schnalzen. Dabei drückt jedes der Geräusche etwas anderes aus. Zum Beispiel eine Warnung vor Gefahr. Der zwitschernde Pfiff bedeutet so etwas wie: „Los geht's!" Dann rennt Katta auch schon los. Sie flitzt unter dem Nebel durch und macht einen Sprung. Mit den Händen klammert sie sich an den Fenstergriff. Der klappt herunter, das Fenster springt auf. Die Nebelwolke erzittert und wird langsam dünner, bis sie aus dem Fenster geschwebt ist. „Uff, das war knapp", schnaufst du. Anni und Tom sind

ganz blass. „Katta, du bist eine Heldin!", jubelt Tom. Katta springt ihm in den Arm und drückt ihren Kopf gegen seine Schulter. „Ja, wirklich! Du bekommst zur Belohnung ganz viele Weintrauben von uns!", verspricht Anni.

LIES WEITER AUF SEITE 27.

IHR KOMMT VON SEITE 11.

Angeekelt nimmt Tom einen Löffel und angelt eine Miniportion Haferbrei aus dem Topf. Anni verdreht die Augen. „Tom, so geht das nicht." Sie nimmt ihm den Löffel aus der Hand, schaufelt einen Berg Haferbrei darauf und sagt: „Mund auf!" Tom öffnet zögerlich den Mund, und Anni schiebt ihm den Löffel hinein. Tom schluckt. „Örks, wie kann man so was denn …" Tom gähnt und sinkt zu Boden. Anni wirft dir einen entsetzten Blick zu. Katta schnüffelt an Tom und stupst gegen seine Wange. „Oh nein, was machen wir denn jetzt?", fragst du nervös. Ihr beugt euch zu Tom hinunter. Der öffnet sein linkes Auge zur Hälfte und sagt: „Haha, reingefallen!"

Es liegt also nicht am Frühstück, dass die ganze Schule außer euch schläft!

GEH ZURÜCK AUF SEITE 12 UND FINDE HERAUS, WAS HIER LOS IST.

26

IHR KOMMT VON SEITE 25.

Der Nebel ist zwar nicht mehr zu sehen, aber
ihr seid euch nicht sicher, dass er auch wirklich
verschwunden ist. „Wir müssen jetzt gut aufpassen",
mahnt Tom. „Sobald sich jemand von uns plötzlich
sehr müde und erschöpft fühlt, müssen wir den
Rückzug antreten."
„Wir müssen herausfinden, woher diese
Nebelschwaden stammen", sagt Anni bestimmt.
„Und wie wir die anderen wieder aufwecken
können", fügt Tom hinzu. Ihr macht euch auf den
Weg zurück zum Lehrerzimmer.

Doch als ihr um eine Ecke biegt, schwebt auch dort eine der düsteren Nebelwolken. Dieses Mal ist kein Fenster in der Nähe. „Dann müssen wir wohl einen Umweg machen. In den Westturm, über den Dachboden, den Ostturm mit den Mädchenzimmern wieder herunter und dann von der anderen Seite zum Lehrerzimmer."

„Nein, es gibt einen schnelleren Weg!", rufst du.

DAS SCHULGEBÄUDE IST SO VERSCHACHTELT UND VERWINKELT! DEN WEG ZUM LEHRERZIMMER FINDEST DU HERAUS, WENN DU BEI DIESER KARTE DIE BUCHSTABEN MITEINANDER VERBINDEST.

FOLGE DEM KOMPASS:

Ein O bedeutet Osten und nach rechts gehen, ein W heißt Westen und nach links gehen.
N steht für Norden und nach oben gehen,
S für Süden und nach unten gehen.

**5.**

Ihr lauft die Wendeltreppe zum Turm hinauf und biegt in den Flur ein, auf dem die Zimmer der Jungen liegen. Hastig lauft ihr ihn entlang. Der dicke Teppichboden dämpft eure Schritte. Am Ende geht ihr die breite Treppe aus dunklem Holz wieder hinunter. „Wartet", zischt Anni. Vor euch im Flur schwebt wieder der dunkle Nebel. Er versperrt euch nicht nur den Weg, sondern gleitet auf euch zu. „Rückzug", seufzt Tom. Ihr geht zwei Treppen hinauf und seid in einem ziemlich dunklen Flur. „Was ist hier eigentlich?", fragst du. Tom zuckt mit den Schultern. „Abstellräume und alte Klassenräume. So genau weiß ich es auch nicht."

„Hier sollten wir uns mal umsehen, wenn diese Schlafnebelsache vorbei ist", schlägt Anni vor. Wie gern würde sie jetzt alle Türen öffnen und schauen, was sich in diesen ungenutzten Räumen verbirgt. Warum sind sie überhaupt ungenutzt? Anni schüttelt den Kopf, um die Gedanken zu vertreiben. Jetzt müsst ihr euch erst mal um diesen Schlafnebel kümmern!

Hinter euch räuspert sich jemand. Dir rutscht fast das Herz in die Hose. Langsam dreht ihr euch um. Doch da ist niemand.

Da, noch mal! „Hmmm, hmmm!" Ihr schaut euch um.
„Hä?", macht Tom. „Wo kommt das her?"
„Huhu, hier!", ruft eine Stimme. Sie kommt von der Wand zwischen zwei grün gestrichenen Holztüren. Du kannst immer noch niemanden sehen. Anni kneift die Augen zusammen und sagt: „Da ist doch nur ein …"

„Spiegel, genau!", kommt es von der Wand. Ihr tretet näher. Tom scheint etwas einzufallen. „Bist du der lügende Spiegel?", fragt er verblüfft.

„Ja. Also, nein. Ich weiß nicht. Vielleicht?"

Jetzt kannst du ein Gesicht auf dem Spiegel erkennen. Es ist eine runzelige, geisterhafte Gestalt mit langem Haar und einem noch längeren Bart.

„Wer … oder was ist das?", flüstert Anni.

„Das ist der lügende Spiegel", erklärt Tom. Das Gesicht im Spiegel nickt zufrieden.

„Ich habe mal davon gehört, aber ich dachte, das sei nur ein Gerücht", erklärt Tom weiter. „Der Spiegel lügt wie gedruckt. Aber manchmal sagt er auch die Wahrheit. Nur weiß man das dann natürlich nicht."

„Was treibt ihr hier eigentlich?", fragt der Spiegel. „Müsstet ihr nicht in euren Klassenzimmern sitzen?" Anni erzählt dem Spiegel, was los ist. „Weißt du vielleicht etwas darüber?", fragt sie abschließend.

Tom knufft Anni in die Seite. „Mensch, Anni! Das kannst du den doch nicht fragen. Wer weiß, was er uns gleich alles für einen Quatsch erzählt!"

„Ich muss doch sehr bitten!", antwortet der Spiegel. Er klingt ehrlich entrüstet.

„Also, weißt du etwas?", bohrt Tom nach.

„Natürlich", antwortet der Spiegel immer noch ein bisschen beleidigt.

„Der rumpelnden Truhe auf dem Dachboden ist ein Fluch entwichen. Wisst ihr, wie man einen Fluch einfängt?" Ihr schüttelt die Köpfe. „Mit einem Netz geknüpft aus Feenhaar. Ich bin mir ziemlich sicher, dass Hausmeister Wolle eines hat. Das war lange vor eurer Zeit, als der Hausmeister das Netz bekommen hat. Damals war er noch gar nicht Hausmeister hier an der Schule, sondern hat die Dschungel und Wälder nach noch unbekannten Pflanzenarten durchsucht. Das wissen viele hier nicht, aber Hausmeister Wolle ist ein Spezialist für alle Arten von Pflanzen. Na ja, im Dschungel von Nicaragua hat er einen Schamanen getroffen. Dieser hat ihn zu einem Wettbewerb aufgefordert – in einer

Disziplin nach Wahl. Herr Wolle hat Armdrücken vorgeschlagen und natürlich haushoch gewonnen. Als Anerkennung dieser beeindruckenden Leistung hat der Schamane ihm das Netz aus Feenhaar geschenkt."

„Wow!", ruft Anni. „Dann nichts wie los!"

„ODER", donnert der Spiegel. Anni hält inne. „Einem eurer Lehrer ist ein Experiment gehörig schiefgegangen. Er war wohl zu gierig nach einer bestimmten Formel. Habt ihr im Speisesaal darauf geachtet, ob einer fehlt?"

„Klingt beides ziemlich bekloppt", findet Tom. „Aber, was ich euch ganz sicher sagen kann", sagt der Spiegel ernst, „ihr müsst euch beeilen! Der Nebel wird stärker. Und immer mehr. Dann schlaft auch ihr bald, und wer soll die Schule dann noch aufwecken?"
Katta fiept. Nach einer Schrecksekunde lauft ihr los.

„Danke!", ruft Tom über seine Schulter.

„Beeilt euch!", ruft euch der Spiegel nach.

„Wohin?", keucht Anni.

„Folgt mir!", rufst du völlig außer Atem. Denn du
hast eine Idee.

Du glaubst die erste Geschichte des lügenden Spiegels?

DANN SCHNELL ZUM HAUSMEISTER-
KABUFF AUF SEITE 52.

Oder ist die zweite Geschichte wahr?

DANN SCHAU NOCH EINMAL IN DEN
SPEISESAAL AUF SEITE 49.

IHR KOMMT VON SEITE 49.

„Aber welchen?", überlegt Tom, der hinter dir und
Anni die Treppen hinunterspringt.
„Luft anhalten", ruft Anni plötzlich, als ihr ins
Erdgeschoss einbiegt. Mit dicken Backen schiebt ihr
euch vorsichtig an einer der düsteren Nebelwolken
vorbei, die den Flur nicht ganz ausfüllt. „Puuuh, das
war knapp!" Tom stößt die angehaltene Luft aus,
und auch Anni und Katta prusten. Noch ein paar
Schritte, dann seid ihr am Speisesaal angelangt.
Ihr lasst euch keine Zeit, um zu Atem zu kommen.
Tom zeigt auf einen leeren Platz am Lehrertisch.
Einer fehlt! „Aber wer ist es?", fragt Anni aufgeregt.

Die Hinweise helfen dir dabei, herauszufinden, welcher dieser Lehrer und Lehrerinnen im Speisesaal fehlt:

R. Wieland
M. Sommer
E. Rose
P. Bunsen
H. Blümel

Naturwissenschaften

Die fehlende Person
— ist nicht die allergrößte.
— trägt keine roten Schuhe.
— gehört nicht zu den ältesten.
— hat keinen Bart
— und auch keine Halskette.
— verreist gern in ferne Länder.

Diese Lehrkraft fehlt im Speisesaal: _____

**6.**

„Wo ist Herr Bunsens Büro überhaupt?", wundert
sich Tom.

„Im Keller rechts, hinter dem Musiksaal", antwortet
Anni, die vorausgeht.

„Woher weißt du das denn?", fragst du überrascht.
Chemie würde schließlich erst in der 7. Klasse auf
eurem Stundenplan stehen.

„Letztes Jahr in der Projektwoche hatte ich ein
Projekt bei Herrn Bunsen. Experimente des Alltags.
Da haben wir zum Beispiel Kristalle aus Salz selbst
gezüchtet!", erzählt Anni. Ihre Augen leuchten vor
Begeisterung.

Zum Glück weiß Anni auch, wo der Lichtschalter
im Keller ist. Hier ist es echt finster. Und ihr wollt
schließlich nicht aus Versehen direkt in den Nebel
laufen. Anni bleibt abrupt stehen. „Hier ist es!", sagt
sie. Ihr steht vor einer schweren Tür. Du klopfst an,
aber niemand antwortet. „Die Türklinke lässt sich
nicht herunterdrücken!", bemerkt Anni. „Und es gibt
auch kein Schlüsselloch, stattdessen ist hier so was."
Sie deutet auf einen Kreis unter der Türklinke.

Dort sind kleine Rädchen zu sehen, jedes mit den Zahlen von 1 bis 9.  „Ein Zahlenschloss", stellt Anni fest. Hier kann ihr Dietrich nichts ausrichten.
„Wie sollen wir bloß an die Geheimzahl kommen?", fragt Tom.

Dir fällt ein, dass Leute häufig Passwörter von Dingen verwenden, die sie an dem Ort sehen, an dem das Passwort eingegeben werden muss. Ihr schaut euch um. Die Türen der anderen Kellerräume, die flackernden Lampen, der lange Flur – und dann bleibt dein Blick an dem Poster neben der Tür zu Herrn Bunsens Büro hängen.

SCHAU DIR DAS POSTER AN, DAS DU HINTEN IM BUCH FINDEST.

Um die vier Zahlen für den Türcode herauszufinden, musst du zählen.

Tipp: Betrachte das Poster genau von links nach rechts.

„Ja!", jubelt ihr, als sich die Tür öffnet. „Wow, das war genial!", freut sich Tom. Ihr tretet ein. Im Raum steht ein Schreibtisch, dahinter eine Regalwand voller dicker Bücher. Außerdem gibt es einen großen, schweren Schrank, dessen Türen offen stehen. „Riecht ihr das?", fragt Tom.

„Irgendwie verbrannt, oder?", findet Anni. Auch Katta nähert sich schnüffelnd dem Schrank. Sie klettert hinein und ist verschwunden. „Katta?", ruft Tom. Katta antwortet ihm mit einem keckernden Ruf, der dumpf und weit entfernt klingt. Anni steckt den Kopf in den Schrank und schiebt ein paar schwere Mäntel und Kleidungsstücke zur Seite. Dann klettert sie ebenfalls hinein. Tom wirft dir einen beunruhigten Blick zu. Dann folgt ihr den beiden.

7.

Der Schrank ist eine Geheimtür! Die Rückwand
fehlt, stattdessen hängt dort ein Vorhang aus
dickem Stoff. Dahinter befindet sich ein kleines
Labor. Es riecht verkohlt, mehrere Gläser und
Gegenstände auf einem Tisch sind umgefallen
oder sogar kaputt. Und da! Auf dem Boden liegt
Herr Bunsen. Sein Gesicht und sein Hemd sind
voller Ruß, die Brille ist von einem Ohr gerutscht.
Er schnarcht leise. Du musst gähnen. „Schnell,
Luft!", ruft Tom. Anni entdeckt einen Ventilator und
schaltet ihn ein. „Hier müssen sich noch Reste
des einschläfernden Nebels befinden", stellt Tom
fest. Dünne Nebelschwaden entweichen durch die
Lüftungsschächte aus dem Labor.
„Schaut mal!" Anni hat ein angekokeltes
Notizbuch auf dem Schreibtisch entdeckt. Es ist
aufgeschlagen, und ihr drei beugt euch darüber.

„Herr Bunsen wollte Diamanten künstlich herstellen?" Ihr schaut euch entsetzt an.
„Das erklärt, warum auch der unheimliche Nebel etwas funkelt", stellst du überrascht fest.
„Aber warum schlafen alle ein, die in seine Nähe kommen?", wundert sich Anni.

Sie schaut in das Notizbuch und zu den umgeworfenen Gläsern und Behältern auf dem Tisch. „Na klar!", sagt sie und schlägt sich mit der flachen Hand gegen die Stirn.

KANNST DU AUCH SEHEN, WAS SIE MEINT, UND AUF DEM TISCH EINEN HINWEIS FINDEN?
Vielleicht ist dem Lehrer wirklich ein Fehler bei seinem Experiment unterlaufen …
LIES WEITER AUF SEITE 50.

IHR KOMMT VON SEITE 36.

Ihr hastet die Treppen hinunter. Du nimmst einmal sogar drei Stufen gleichzeitig.

„Wieso denkst du, dass das richtig ist?", keucht Anni. „Bei der anderen Geschichte hat der Spiegel zu viele Details benutzt. Um die Geschichte auszuschmücken", antwortest du über die Schulter. „Das kam mir seltsam vor. Und ich habe wirklich das Gefühl, einen Lehrer vorhin nicht gesehen zu haben."

Das stimmt! Die andere Geschichte von Herrn Wolle und seinem Netz aus Feenhaar ist zu fantastisch, um wahr zu sein.

GEH ZURÜCK AUF SEITE 38, UM ZU ERFAHREN, WIE ES WEITERGEHT.

„Wenn Herr Bunsen ein Schlafmittel hergestellt hat, muss es doch auch ein Gegenmittel geben", überlegt Tom laut. Ihr blättert in dem Notizbuch. „Hier, ich hab was!", rufst du. „Mist, das kann man gar nicht lesen, die Seite ist angebrannt." Du nimmst das Notizbuch und schaust es dir an.

Tom hat recht – oder? Kannst du das Rezept für das Gegenmittel entziffern?

DAZU UNTERSTREICHST DU ALLE FARBEN IM TEXT. UM DIESEN KOMPLETT LESEN ZU KÖNNEN, MUSST DU SEINE ANDERE HÄLFTE FINDEN.

Yola, Nigeria, 17. Mai

Heute früh um 4 Uhr aufge.
den Dschungel. Als Provia
hellgrünen Pfefferminzsiru
Das erste Tier des Tages w
Zitronenfalter in einem leu
Rosafarbener Sonnenhut (
wie ein Fußball!
Es war heiß, feucht, und di
Konnte aber viele Affen un
beobachten und fotografie
gab es herrlich saftige, ora
Maracujas.
Eine wunderbare Erfahrun
ich das blaue Meer …

IHR KOMMT VON SEITE 36.

Ihr hastet die Treppen hinunter. Du nimmst einmal sogar drei Stufen gleichzeitig. Das Kabuff von Hausmeister Wolle ist im Erdgeschoss. „Kabuff" nennt jeder in der Schule das Büro des Hausmeisters – sogar die Direktorin. Es ist vollgestopft mit allerhand Werkzeug oder Dingen, die vielleicht Werkzeug sind, Dingen, die Schüler verloren haben, und Kram, den er irgendwann mal reparieren wollte. „Luft anhalten", ruft Anni, als ihr ins Erdgeschoss einbiegt. Vorsichtig schiebt ihr euch an einer Nebelwolke vorbei. „Puuuh, das war knapp!" Tom stößt die angehaltene Luft aus. Doch was ist das? Direkt vor euch schwebt noch mehr Nebel. Ihr seid umzingelt! Du spürst, wie die Müdigkeit in dir hinaufkriecht. Du musst gähnen und hast nur noch einen Wunsch: endlich schlafen!

GEH NOCH MAL ZURÜCK AUF SEITE 36 – VIELLEICHT STIMMT DOCH DER ANDERE TIPP DES LÜGENDEN SPIEGELS!

nden. Expedition in
süße Brötchen und
abeigehabt.
ein handtellergroßer
enden Gelb.
hinacea purpurea) groß

oskitos waren überall.
eitere Schmetterlinge
Zum Mittagessen
efarbene Mangos und

ber langsam vermisse

LIES WEITER AUF SEITE 54.

53

„Ich verstehe trotzdem nur Bahnhof", meint Tom stirnrunzelnd. Anni schaut sich die Seite des Notizbuches konzentriert an. Dann sagt sie zu dir: „Ich erkläre dir, was wir brauchen, und du suchst die richtige Flasche im Regal."

## WELCHE ZUTAT IST IN WELCHER FLASCHE?

Hilf Anni dabei, die richtigen Zutaten für das Gegenmittel im Regal zu finden. Schreibe die Farben auf, die du im Text unterstrichen hast. Die Reihenfolge der Farben im Text ist die Reihenfolge der Zutaten hier:

Zutat 1: _____

Zutat 2: _____

Zutat 3: _____

Zutat 4: _____

Zutat 5: _____

## FINDE NUN DIE RICHTIGEN FLASCHEN!

Male die richtigen Flaschen in der jeweiligen Farbe an. Schau dir die folgenden Tipps gut an und finde heraus, in welchem Behältnis sich welche Zutat befindet:

- Die erste Zutat befindet sich in der kleinsten Flasche, aber nicht in der, die zwischen zwei hohen Gläsern steht.
- Die zweite Zutat befindet sich in einer bauchigen Flasche mit langem Hals.
- Die dritte Zutat befindet sich in einem Marmeladenglas.
- Die vierte Zutat steht ganz links, befindet sich aber nicht in einer Flasche.
- Die fünfte Zutat ist in einem Reagenzglas, das allein steht und sich nicht der Mitte des Regals befindet.

8.

Nachdem alle Zutaten bereitstehen, verteilt Anni
Schutzbrillen an Tom, Katta und dich. „Man weiß ja
nie", murmelt sie. Konzentriert mischt sie die Zutaten
in der richtigen Reihenfolge zusammen.

Sie schiebt ihre Zungenspitze zwischen die Lippen
und kneift die Augen vor Anspannung zusammen.
So etwas macht ihr richtig Spaß. Als Anni fertig ist,
steht ein großes Becherglas mit einer schimmernd
hellgrünen Flüssigkeit vor ihr.
„Und wie verabreichen wir das jetzt der kompletten
Schule?", will Tom wissen.
Anni blickt sich suchend um. In einem Schrank
findet sie zwei Sprühflaschen. „Wir sprühen alle
mit dem Gegenmittel ein!" Sie befüllt die beiden
Flaschen mit dem Gegenmittel und blickt euch
fragend an. Tom nickt zustimmend.
Dann besprüht Anni zuerst Herrn Bunsen. Katta
springt auf die Brust des Chemielehrers und
betrachtet gespannt sein Gesicht. Ein feiner,
grüner Schimmer legt sich auf Herrn Bunsen, dann

schnarcht er einmal laut, reckt und streckt sich und
öffnet langsam die Augen.
„Was ist denn hier los?" Gähnend setzt er sich auf.
Katta springt rechtzeitig ab, bevor sich der Lehrer
ganz aufrichtet, und versteckt sich hinter Toms
Beinen.

„Ähm, Herr Bunsen", beginnt Tom vorsichtig. „Eines ihrer Experimente ist wohl so richtig in die Hose gegangen."

„Wie, was meinst du?", fragt Herr Bunsen. Er reibt sich verwundert die Augen. Dann steht er auf. „Ach, du liebes Reagenzglas!", ruft er erschrocken aus, als er das Chaos in seinem Geheimlabor entdeckt.

„Herr Bunsen, darum müssen Sie sich später kümmern", sagt Anni und drückt dem Lehrer eine der Sprühflaschen in die Hand. „Die ganze Schule schläft!"

Herr Bunsen will etwas sagen.

„Kommen Sie schnell, wir erklären es Ihnen auf dem Weg", sagt Tom. Katta ist schon durch den Vorhang der Geheimtür geschlüpft, ihr folgt mit Herrn Bunsen im Schlepptau. Der murmelt verlegen: „Ich habe doch nur versucht, Diamanten herzustellen." „Dabei haben Sie wohl ein paar Zutaten verwechselt", meint Anni grinsend.

„Dann kam das dabei raus!", ruft Tom und nimmt Anni die Sprühflasche aus der Hand. Mit ausgestrecktem Arm zielt er auf eine Nebelwolke, die vor ihm auf dem Flur schwebt. Ein grüner Stoß des Gegenmittels trifft den Nebel, der sich rasch auflöst. „Was war das denn?", wundert sich Herr Bunsen.

„Diese Nebelwolken müssen bei ihrem Experiment entstanden sein", erklärt Anni. „Und sie schweben seit heute Morgen durch die Schule. Alle, die in ihre Nähe kommen, schlafen ein", ergänzt Tom. „Ach, du liebes Reagenzglas", murmelt Herr Bunsen wieder.

Auf schnellstem Wege lauft ihr zum Speisesaal.
Herr Bunsen betrachtet erschüttert die schlafenden
Schülerinnen und Schüler und seine Kollegen.
„Genau das meinten wir", sagt Anni.

Im Speisesaal läufst du durch die Tischreihen und
besprühst alle mit dem Gegenmittel. Gähnen und
verschlafenes Murmeln ist zu hören.

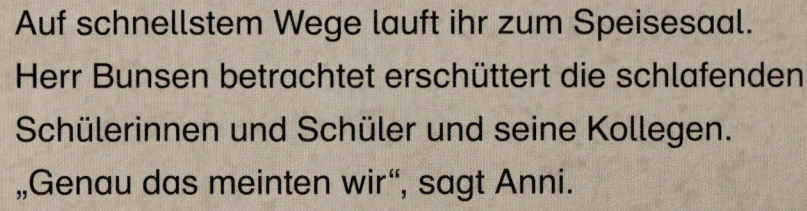

Am Ende des Lehrertisches angekommen, schläft nur noch Frau Wieland. Als sie aufwacht, streckt sie sich ausgiebig, und dabei purzelt etwas aus ihrer Hosentasche: eine halb volle Dose mit Glitzer. In ihrem Haar kannst du noch etwas Konfetti von einer kleinen Party erkennen.

**ENDE (FÜR DIESES MAL)**

# LÖSUNGEN

## SEITE 6/7

Schau dir die Bilder auf den Seiten 5 und 6 noch mal ganz genau an, vielleicht lugt aus einer der Schultaschen ein Hinweis zum nächsten Unterrichtsfach heraus. Und entdeckst du etwas Auffälliges an Annis und Toms Kleidung?

**LÖSUNG:** Es sind 7 Kobolde.
Das erste Unterrichtsfach des Tages ist Deutsch. An euren nassen Hosenbeinen könnte jemand erkennen, dass ihr vor dem Frühstück das Schulgebäude verlassen habt.

Um herauszufinden, wie viele Dreiecke das Mosaik
enthält, kann es dir helfen, es einmal abzuzeichnen.
Dann kannst du sehen, dass es viel mehr Dreiecke
enthält, als auf den ersten Blick zu sehen sind.
**LÖSUNG:** Es sind 44 Dreiecke.

## SEITE 16/17

Vielleicht hilft es dir, neben jedes der Zahnräder einen Pfeil zu malen, der die Richtung des jeweiligen Zahnrads anzeigt, um so den Weg besser verfolgen zu können.

Anni muss den Dietrich nach **rechts** drehen, um die Tür zu öffnen.

## SEITE 18-20

Schreibe dir alle Buchstaben der jeweiligen Farbe auf, und bringe die Buchstaben dann in die richtige Reihenfolge. Tipp: Was darf bei einer Feier auf keinen Fall fehlen?

| | |
|---|---|
| ORANGE: | Lampion |
| BLAU: | Ballon |
| LILA: | Teller |
| GRÜN: | Konfetti |
| ROT: | Partyhut |

Im Lehrerzimmer wurde offenbar eine PARTY gefeiert.

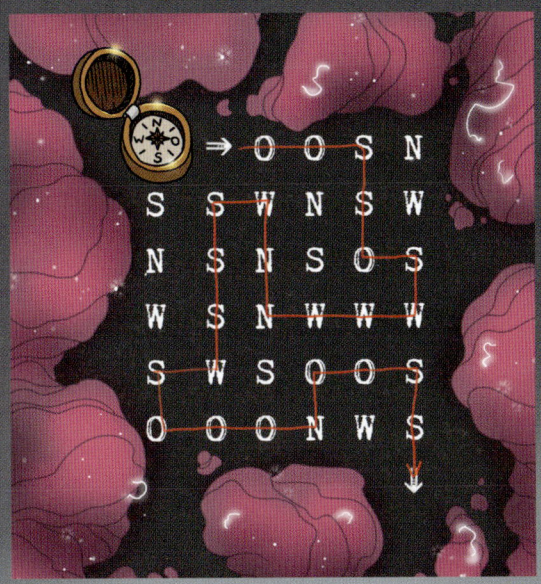

SEITE 36

Lügengeschichten zeichnen sich meistens dadurch aus, dass sie viele Ausschmückungen und Details enthalten.

LÖSUNG : Hier ist die zweite Geschichte wahr. Hausmeister Wolle hat leider kein Netz aus Feenhaar.

## SEITE 39

Lies dir die Eigenschaften ganz genau durch.
Streiche die Lehrer durch, die nicht zu den
Hinweisen passen. Welcher bleibt übrig?

**LÖSUNG :** Herr Bunsen fehlt im Speisesaal.

## SEITE 42/43

Zähle die einzelnen Tiere der jeweiligen Arten.
Betrachte das Poster dabei von links nach rechts.
Es sind 4 Antilopen, 3 Giraffen, 5 Erdmännchen und
2 Elefanten.

**LÖSUNG :** Der Türcode zu Herrn Bunsens Büro
lautet 4 3 5 2.

## SEITE 48

In einem Reagenzglas ist SCHLAFPULVER.

## SEITE 51/53

Suche die zweite Hälfte der Seite aus Herrn
Bunsens Notizbuch, und lege sie so aneinander,
dass du den Text lesen kannst. Dazu faltest du Seite

51 zur Hälfte nach hinten. Nun kannst du den Text gemeinsam mit dem Text auf Seite 53 lesen.

SEITE 54/55

LÖSUNG : Die Zutaten für das Gegenmittel haben verschiedene Farben. Diese findest du in dem Text aus dem Notizbuch.

— Hellgrün
— Gelb
— Rosa
— Orange
— Blau

Gewölbekeller

Nordseite

**FSC** — MIX
Papier aus verantwor-
tungsvollen Quellen
www.fsc.org — **FSC® C002795**

Originalausgabe

2. Auflage
© 2021 Verlag Friedrich Oetinger GmbH,
Max-Brauer-Allee 34, 22765 Hamburg
Alle Rechte vorbehalten
© Text: Jule Ambach 2021
© Illustrationen: Stefanie Wegner und Timo Müller-Wegner 2021
Druck und Bindung: Livonia Print SIA,
Jürkalnes iela 15/25, LV-1046 Riga, Lettland
Printed 2021
ISBN 978-3-7512-0040-0

www.oetinger.de